AUX ÉLECTEURS

DU DÉPARTEMENT

DE LA LOZÈRE.

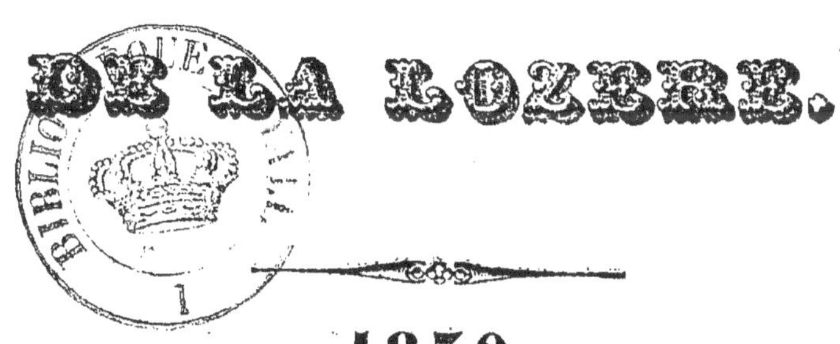

1830.

AUX ÉLECTEURS

DU DÉPARTEMENT

DE LA LOZÈRE.

L_E R_{OI} vient de faire un appel aux lumières, au patriotisme et à l'amour de la nation. La lutte engagée naguère entre la chambre élective et le gouvernement, va se poursuivre sur un autre terrein; les Colléges électoraux sont convoqués, et les partis réunissent toutes leurs forces pour sortir victorieux de cette épreuve décisive. On ne saurait en effet se le dissimuler; le résultat des prochaines élections exercera la plus grande influence sur notre avenir constitutionnel; c'est à elles qu'il est réservé de résoudre ces graves questions qui s'agitent dans toutes les intelligences, et qui nous laissent aujourd'hui dans une pénible incertitude sur la nature même du Gouvernement sous lequel nous vivons. Refuser de prendre part au mouvement qu'a imprimé aux esprits la gravité de la crise actuelle, demeurer spectateur impassible du combat qui doit décider des destinées de notre pays, ne serait pas d'un bon Français. Un législateur de l'antiquité flétrissait le citoyen qui refusait de prendre parti dans les discordes civiles; si cette loi éminemment morale n'est pas écrite dans nos codes, elle doit l'être dans la conscience de tous les gens de bien. C'est pour accomplir les devoirs qu'elle impose, et que je regarde comme sacrés, pour payer à ma patrie le faible tribut de ma bonne volonté, et m'associer autant qu'il est en moi aux efforts des hommes honorables qui ont entrepris de faire triompher la cause des libertés publiques fondées sur la monarchie, que je viens vous soumettre ces courtes réflexions.

Étranger par mon âge aux souvenirs, et par caractère aux passions qui divisent les partis, je dirai la vérité avec assurance et modération ; et j'espère que ceux-mêmes que je me propose de combattre, ne trouveront ici aucune de ces paroles amères qui irritent sans éclairer, et qui ne peuvent que compromettre et déshonorer la plus belle cause.

Ce n'est guère que sur des noms propres que s'exerce depuis près d'un an la polémique quotidienne. Le Roi dans sa sagesse crut devoir appeler au ministère des hommes dont il avait plus d'une fois éprouvé le dévouement ; mais un parti vit ou feignit de voir dans l'exercice des droits constitutionnels que la charte réserve au trône, une démonstration hostile contre nos institutions. La presse périodique usant largement de sa liberté, ne recula devant aucun moyen de propager l'irritation des esprits, et d'augmenter l'impopularité du nouveau cabinet. Ses efforts, on le sait, ont obtenu un plein succès, et ses clameurs ont ameuté la faction toute entière contre les choix de la couronne.

Considérée sous ce point de vue superficiel, la crise actuelle ne serait que ridicule, et la victoire ne vaudrait pas la peine d'être disputée, puisqu'en définitive il ne s'agirait que d'un changement de ministère,

Mais je ne saurais croire que la vive et profonde agitation qu'éprouve le pays, n'ait pour cause que les répugnances ou les sympathies qu'inspirent certains hommes. Dans un gouvernement comme le nôtre, les questions de personnes ne peuvent acquérir une grande importance, que lorsqu'elles cachent des questions de principes ; et certainement la lutte serait moins acharnée, l'attaque et la défense moins vives, si les coups, dirigés en apparence contre les ministres, ne devaient, en réalité, frapper la prérogative royale.

Aussi, ramenée à ses véritables termes, la discussion s'agrandit, les noms propres s'effacent, et les principes demeurent seuls en présence. Mais pour mettre dans tout son jour la gravité de notre situation, nous allons reporter nos regards vers le passé, qui peut seul nous donner l'intelligence de l'époque actuelle, et nous révéler les projets du libéralisme.

Il y a à peine un demi siècle que nos pères corrompus par les doctrines désolantes d'une philosophie matérialiste, et égarés par le fanatisme de la liberté, déclarèrent une guerre à mort au passé, et entreprirent de ruiner notre ancienne civilisation pour la reconstruire sur des bases nouvelles. L'édifice social tout entier s'écroula sous leurs efforts ; mais ces hommes si puissans pour détruire, ne purent enfanter que des constitutions avortées, et la Terreur leva seule sa tête sanglante sur les débris de l'autel et du trône. Je n'entreprendrai pas de retracer les crimes et les malheurs de cette époque de funeste mémoire. Le remède sortit de l'excès du mal, et la nation déchirée par les convulsions d'une ignoble démocratie, se jeta

(4)

dans les bras d'un maître pour échapper à ses propres fureurs. Tout prit alors une face nouvelle, la société sortit du cahos, l'ordre et les lois reprirent leur puissance, et la France, avide de repos après de longs et sanglants orages, la France qui avait brisé, comme trop pesant, le sceptre paternel des enfants de St. Louis et d'Henri IV, fut heureuse de respirer à l'abri du sabre de l'homme du destin.

Tels sont nos antécédens ; nous sommes les enfans de la révolution dont nous avons recueilli l'héritage, et nous portons dans notre société nouvelle ses passions et ses préjugés que nous avons sucés avec le lait. Si des doctrines plus morales, si des idées plus monarchiques que celles du 18.e siècle commencent à pénétrer les intelligences, je 'ne crains pas de le dire, un vieux levain révolutionnaire fermente encore au fond des âmes ; les théories anti-sociales de 90 comptent parmi nous de nombreux partisans, malgré la sanglante réprobation dont l'expérience les a frappés, et les hommes de cette époque sont devenus l'objet de l'admiration et du culte d'un parti qui n'a pas rougi de parler de patriotisme et de vertu sur la tombe même des régicides. De pareilles sympathies doivent nous éclairer sur les projets du libéralisme, et nous le faire considérer « comme une faction née de la révolution, » de ses mauvaises pensées, de ses mauvaises actions ; » qui cherche, vaguement peut-être, mais qui cher- » che l'usurpation, parce qu'elle en a le goût plus » encore que le besoin (1) ». Oui, cette faction existe, elle nous environne, elle nous presse. C'est elle qui

_____

(1) M. Royer Collard.

voudrait introduire la souveraineté du peuple dans notre monarchie , et placer la déclaration des droits de l'homme, en tête de notre charte modifiée dans le sens de la constitution de 91.

Cette tendance républicaine se manifeste depuis 15 ans, dans tous les actes, dans toutes les paroles de l'opposition. Peu satisfaite du véto législatif auquel nos lois ont borné l'action des chambres , elle n'a cessé de les exciter à sortir de leurs limites constitutionnelles, et à envahir le pouvoir exécutif. Dans son système le Roi règne et ne gouverne pas. Relégué dans une sphère inaccessible aux passions et aux attaques des partis , il doit les laisser s'agiter sans intervenir dans leurs querelles ; bornant tous ses soins à occuper le trône de peur qu'un autre ne s'en empare. Le libéralisme demande donc un Roi fainéant ; je le conçois, il voudrait qu'on laissât faire. Mais prenons y garde, si ses vœux se réalisaient la royauté ne serait plus qu'une brillante et onéreuse sinécure , dont il ne manquerait pas de demander bientôt la suppression , ne fut-ce que par économie. Telles sont en effet les coupables pensées de cette faction.

On a cru quelquefois pouvoir l'arrêter dans sa marche par des concessions ; mais la faiblesse du pouvoir n'a fait qu'accroître son audace, parce qu'il est dans sa nature de demeurer insatiable tant qu'elle n'a pas accompli ses projets.

Jusqu'ici cependant son action s'était exercée en dehors du gouvernement. Elle avait intrigué, calomnié , conspiré ; mais nos corps politiques s'étaient préservés de sa contagion , et la juste sévérité des tribunaux avait facilement réprimé ses criminelles tentatives. Mais aujourd'hui elle a acquis un organe constitutionnel ; la chambre des députés s'est déclarée son auxiliaire, et a fait entrer la révolution en partage de la puissance législative. Cet avénement du libéralisme au pouvoir, est ce qui caractérise la position actuelle, ce qui lui donne toute sa gravité. L'adresse même ne mérite d'être prise au sérieux, que parce qu'elle est un premier pas dans la carrière des envahissemens ; la première démonstration d'une attaque parlementaire contre les prérogatives de la couronne. Je ne parlerai pas de la forme au moins inconvenante de cet ultimatum signifié à la royauté, tenons-nous en au fonds ; il est impossible de ne pas y voir une violation flagrante de la lettre et surtout de l'esprit de la charte. Son but manifeste est de dépouiller le Roi de son pouvoir constitutionnel, en limitant par l'intervention des chambres, le droit absolu qu'il a de nommer ses ministres. Considérée sous ce point de vue, l'adresse est un acte éminemment révolutionnaire, elle ne tend à rien moins qu'à dénaturer le principe de notre constitution ; car, a dit M. Royer-Collard, le jour où le gouvernement n'existera que par la majorité de la Chambre des députés, le jour où cette majorité pourra imposer au roi des ministres qui ne seront plus les ministres du roi mais les ministres de la chambre, ce jour là, c'en est fait non-seulement de la charte, mais encore de la royauté, de cette royauté indépendante qui a protégé nos pères, et qui a donné à la France ce qu'elle a jamais eu de puissance et de bonheur ; ce jour-là, nous sommes en république.

Voilà le dernier mot du parti, le but où il tend de

tous ses efforts. Parmi les hommes qui ont favorisé ses projets, il en est plusieurs qui n'en ont pas connu toute la portée ; mais il est temps que leurs yeux s'ouvrent à l'évidence, et qu'ils se séparent de cette faction qui poursuit avec une persévérance aussi acharnée la spoliation du trône, et le fantôme de la souveraineté électorale. Mais cette modification de la souveraineté du peuple n'est pas dans notre charte, et gardons-nous de l'y admettre si nous préférons le repos de la monarchie aux orages de la république. Rejetez donc, électeurs, les présens perfides que vous offre la révolution ; répudiez cette souveraineté usurpée dont elle voudrait vous investir ; fermez l'oreille à ses flatteries qui n'ont pour but que de vous rendre les instrumens de ses criminels desseins, dont bientôt vous seriez les victimes. Que les avertissemens du passé ne soient pas perdus pour vous. Nos premiers révolutionnaires furent contraints à faire un appel à l'énergie des masses ; elles y répondirent, et s'élancèrent en rugissant dans l'arêne.

Pour endormir le Cerbère, on lui jeta en pâture les trésors et les têtes de la noblesse et du clergé ; mais si le monstre avide d'or et de sang vient à se réveiller, on ne pourra plus le rassasier de la même proie. Pensez-y bien, votre position sociale et votre fortune vous condamnent à ne figurer dans les troubles politiques que parmi les victimes ; vos plus chers intérêts sont associés aux destinées du pays ; craignez d'exciter des orages et d'ébranler l'édifice de notre gouvernement, car il ne pourrait s'écrouler sans vous écraser sous ses ruines. Refusez donc (le devoir et l'intérêt vous en imposent la loi), refusez de vous associer aux fureurs de nos modernes anarchistes, plus coupables, sans doute, que ceux qui les ont précédés dans la carrière, car ceux-ci pouvaient avoir été égarés par des illusions que quarante années de malheurs doivent avoir dissipées. Que les tribuns de la Constituante aient cru pouvoir jouer impunément avec les passions politiques ; que dans leur présomptueuse inexpérience, ils se soient crus assez puissants pour arrêter le mouvement qu'ils auraient imprimé, pour constituer la démocratie et établir la république ; je le conçois. Mais en 1830 de pareils projets ne peuvent être que criminels, parce qu'ils impliquent un coupable mépris des leçons de l'histoire, et des lumières de la raison.

Telles sont les circonstances, et certes elles ne furent jamais plus graves, au milieu desquelles vous êtes appelés à l'exercice de vos droits constitutionnels. Des questions qui touchent aux fondemens mêmes de notre ordre social ont été soulevées, et vous allez jeter votre opinion dans la balance où doivent se peser les destinées du pays. La confiance de nos lois vous impose de grands devoirs que l'imminence du péril rend aujourd'hui plus sacrés encore. Vous les connaissez et vous saurez les remplir. Déjà plus d'une fois vous avez donné des preuves éclatantes de votre dévouement à la monarchie, ce ne sera pas aujourd'hui que vous voudrez la trahir, et la livrer sans défense aux attaques de la révolution. Vous répondrez donc avec empressement à l'appel que le Roi vous a adressé ; abandonner les élections dans les circonstances présentes, c'est déserter le champ de bataille un jour de combat. D'ailleurs, en vous conférant un droit nos lois vous imposent le devoir de veiller aux intérêts dont elles vous ont confié la garde. Si par votre négligence, par votre incurie du bien public, les hommes mal intentionnés venaient à triompher, s'ils entraînaient la France dans l'abyme d'une nouvelle révolution, pensez-y bien, n'auriez-vous pas de grands reproches à vous adresser, et la responsabilité du mal que vous auriez pu empêcher, ne peserait-elle pas sur votre conscience ? La morale et l'honneur vous commandent également de concourir aux élections qui se préparent. Vous devez à votre patrie cette preuve de votre amour ; refuser de lui faire ce sacrifice, serait trahir un devoir, et commettre une lâcheté. J'insiste sur ce sujet, parce que la négligence des royalistes à se rendre dans les assemblées électorales pourrait compromettre leur succès, et donner à la révolution un avantage que sans cette cause elle ne pourrait obtenir. L'activité que déploient nos adversaires doit exciter la nôtre, et nous porter à défendre nos institutions et notre monarchie, avec tout le zèle et toute la persévérance qu'ils portent dans leurs attaques.

Je dois aussi vous soumettre quelques considérations sur les qualités que doit réunir un bon et loyal député ; mais ici je serai court, parce que vos sentimens connus rendent cette tâche à peu près inutile. Vos suffrages, je le sais, sont acquis aux amis de la monarchie ; mais la gravité de la position actuelle vous impose le devoir de soumettre à un examen rigoureux les principes des candidats qui ambitionnent votre choix. Les affligeantes palinodies, les honteuses défections dont notre époque a donné tant d'exemples, doivent vous inspirer une juste défiance, et vous faire repousser ces hommes dénués de conviction, qui brûlent aujourd'hui ce qu'ils adoraient naguères, et dont l'opinion ne reconnaît d'autres mobiles que les passions et l'intérêt. Craignez aussi de vous laisser séduire au royalisme de parade qu'étalent les tartufes politiques; leurs discours monarchiques sont un piége qu'une récente expérience doit vous avoir appris à connaître, et que vous saurez éviter. Vous ne pourriez d'ailleurs vous rallier à ces hommes dont les actions démentent les paroles, sans abandonner votre cause, et sans trahir vos principes. Ces courtes réflexions suffiront, je l'espère, pour vous faire sentir la nécessité de n'honorer de vos suffrages que des citoyens qui aient donné des gages de leur dévouement à la monarchie, et dont la foi politique soit sortie inébranlable de toutes les épreuves. C'est ainsi que vous répondrez aux espérances du pays, et que vous mériterez sa reconnaissance en le préservant des malheurs dont il est menacé.

Cet heureux résultat sera le fruit de l'union des gens de bien. Les ennemis de la monarchie ont trop long-temps profité de nos funestes divisions; c'est à elles qu'ils doivent tous leurs succès, et c'est sur elles qu'ils comptent encore. Mais leurs espérances seront trompées; les royalistes sauront faire à la France le sacrifice de leurs affections personnelles, et, réunis dans les mêmes sentimens, ils le seront dans l'élection du député destiné à les manifester. Il faut surtout qu'ils imposent silence aux prétentions des localités rivales. Un député appartient à tout le département qui l'a nommé, qui tout entier a des droits à sa sollicitude;

d'ailleurs ce n'est pas le moment de prêter l'oreille à d'aussi faibles considérations ; les intérêts généraux sont trop gravement compromis, les attaques de la révolution trop acharnées , pour que les bons citoyens ne suspendent toutes leurs animosités et toutes leurs querelles. Que les royalistes ne s'y trompent pas, l'union peut seule faire leur force, et leur assurer le succès.

Qu'ils ne craignent pas de se réunir au Roi, et d'environner le père de la Patrie , de la même confiance que d'autres accordent au comité-directeur. Puisque l'autorité est aujourd'hui l'objet des attaques de la révolution, c'est à cette brèche qu'ils doivent courir , c'est sur ce point qu'ils doivent concentrer leurs forces pour repousser l'ennemi commun. En acceptant les candidats du ministère , ils ne sauraient encourir le reproche de servilité ; ce n'est pas pour les hommes qu'ils combattent, c'est pour les principes, c'est pour la prérogative royale. La conduite de nos adversaires peut, au reste, nous fournir d'utiles leçons. L'adresse est devenue pour eux un centre de ralliement ; tous ceux qui ont concouru à cet acte factieux ont bien mérité du libéralisme et dans sa reconnaissance , il ne néglige rien pour obtenir leur réélection. Ces principes doivent aussi nous diriger dans nos choix. Et s'il est nécessaire de repousser les 221 députés qui n'ont pas craint de se faire les complices de la révolution et les échos du journalisme, il ne l'est pas moins de donner une haute preuve d'estime et de confiance à ceux qui ont bien mérité du pays, en résistant aux impulsions qui ont égaré la majorité.

Mais dans la position particulière où vous vous trouvés placés , l'union votre premier besoin, devient plus difficile à obtenir. Des hommes également honorables et dévoués sollicitent vos suffrages. Tous se recommandent à vous par l'ensemble des qualités qui doivent fixer votre choix. Choisir entre eux est pénible, sans doute , mais enfin il faut choisir. Dans cet état de choses une réunion préparatoire me paraît néecessaire , pour étouffer parmi les royalistes toutes les semences de division , qui pourraient donner la victoire à leurs ennemis. Cette mesure ferait connaître aux candidats les chances de succès qu'ils ont en leur faveur , et leur caractère connu est un sûr garant qu'ils n'hésiteraient pas de faire le sacrifice de leurs prétentions, à celui qui aurait obtenu la majorité. Si , contre nos espérances, quelqu'un se refusait à ce sage arrangement , par cela seul il se montrerait indigne de vous représenter , et vous sauriez lui rendre justice. Vous ne voudriez pas épouser une querelle qui n'est pas la vôtre , et vous faire les Don Quichottes d'un homme qui immolerait ainsi le succès de sa cause, aux petits intérêts de sa vanité et de son égoïsme.

Électeurs, la France a les yeux sur vous, et permettez-moi de vous le répéter, l'union seule peut faire votre force , et vous donner la victoire. Vos ennemis le savent bien ; aussi soyez-en sûrs, ils ne s'abandonneront pas dans cette épreuve décisive, et ils ne négligeront aucun moyen de semer parmi vous les rivalités et les défiances. Déjà ils ont cherché à vous alarmer sur l'avenir de nos institutions , à vous effrayer des projets inconstitutionnels du Gouvernement. Mais où sont les coups d'État que les prophètes du parti nous annonçaient avec tant d'assurance? où sont les attentats à nos libertés, les violations de la charte qui ont pendant si long-temps servi de texte aux élégies politiques de la presse libérale? Il serait aujourd'hui superflu de chercher à réfuter des assertions à qui les faits ont donné un démenti formel. J'observerai cependant qu'elles calomnient la personne sacrée du Roi, qui ne pourrait fouler aux pieds nos franchises, sans trahir ses sermens. D'ailleurs, gardez-vous de croire que ces craintes aient jamais été partagées par ceux mêmes qui se sont montrés si empressés de les propager ; ils savent trop que c'est aux Bourbons que nous devons la liberté, et que la charte est leur ouvrage, pour les soupçonner de vouloir nous ravir ces bienfaits que nous tenons de leur munificence.

On nous a aussi menacés de l'ancien régime. Cette idée existe sans doute chez quelques individus, parce que dans trente-deux millions de têtes, il y a de la place pour toutes les folies. Mais personne, que je sache, n'a le pouvoir de ressusciter les morts. L'ancien régime a succombé après quatorze siècles d'existence, c'est aujourd'hui de l'histoire pour nous ; chacun peut l'admirer ou le mépriser, l'aimer ou le haïr ; mais aucune puissance humaine ne peut le faire revivre. Croire à son retour, c'est avoir foi aux revenans. Pour l'honneur du siècle des lumières, les royalistes se montreront exempts de cette ridicule superstition ; ils sauront faire justice de ces misérables jongleries, et envoyer à la chambre de dignes interprètes de leurs sentimens.

J'ai accompli la tâche que je m'étais imposée, et

je crois avoir démontré que la lutte engagée en apparence entre les Ministres et la Chambre, est, en définitive, une guerre à mort entre la monarchie et la révolution. Vous êtes appelés à prendre parti, et votre choix ne saurait être douteux. Les funestes conséquences des troubles politiques ont trop cruellement pesé sur notre belle patrie, pour qu'ils aient pu s'effacer de notre souvenir. Quinze années de paix ont à peine cicatrisé les plaies d'une première révolution, et vous êtes trop les amis de votre pays pour vouloir le replonger dans l'abîme. Rejetez donc loin de vous la révolution et ses perfides présens ; repoussez de toute votre indignation les hommes qu'elle recommande à vos suffrages, ce sont pour la plupart des débris d'une époque de funeste mémoire, qui ne peuvent pardonner tout le mal qu'ils ont fait, et dont la conscience souffre de la paix et de la prospérité publique comme d'un remords. Le masque d'un hypocrite dévouement à nos nouvelles lois sous lequel ils cachent leurs coupables projets, tombera devant vos lumières, et vous ne voudrez pas confier le salut de la monarchie à ceux qui doivent la poursuivre d'une haine implacable, puisqu'ils l'ont déjà renversée une fois. C'est en effet une loi du cœur humain, de haïr ceux à qui l'on a fait du mal (1), et c'est d'après ce principe que vous apprécierez l'attachement pour nos Rois légitimes, qu'affectent les hommes qui ont applaudi au crime du 21 janvier, et à l'usurpation du 20 mars.

Mais parmi ceux à qui le Comité-directeur prépare

______

(1) Proprium est humani ingenii, odisse quem lœseris.

TAC.

les honneurs d'une élection libérale, il en est plusieurs qui après avoir combattu, et combattu avec gloire, dans les rangs des amis de la royauté, ont abandonné leur drapeau, pour suivre de nouvelles couleurs. Déplorons du fond de notre cœur l'égarement de ces hommes qui, s'énivrant des fumées d'une vaine popularité, n'ont pas craint de sacrifier leur conscience, et leur gloire jadis si pure, à des ovations de cabaret, et aux couronnes flétries que décernent les factions. Il est pénible pour nous de nous séparer de nos frères d'armes ; mais l'intérêt sacré de notre cause doit fermer notre âme à nos anciennes affections. Les passions qui les ont poussés dans les rangs révolutionnaires, rendent impossible tout espoir de retour. Ce sont elles qui firent de Mathan un prêtre de Baal. Puissent-ils, plus heureux que le pontife apostat, ne pas chercher à étouffer leurs remords à force de crimes, et ne pas vouloir anéantir le Dieu qu'ils ont quitté.

Je termine ces réflexions déjà trop longues, et sans doute inutiles pour exciter votre patriotisme. Heureux si je pouvais espérer de ramener quelques nouveaux défenseurs à des opinions qui sont celles de tous les amis de la monarchie et d'une sage liberté.

V,.....

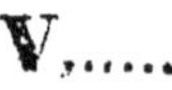

www.ingramcontent.com/pod-product-compliance
Lightning Source LLC
LaVergne TN
LVHW010054060726
842524LV00006B/2187